일러두기

이 책은 어린이에게 인물의 삶을 들려줌으로써, 사유하는 힘과 논리력을 길러주기 위한 목적으로 기획되었습니다.
다만, 원서 특성상 해당 인물을 바라보는 일본인의 시각이 다소 반영되어 있음을 밝힙니다. 인물을 바라보는 시각은
나라별로 다를 수 있습니다. 드루주니어 편집부는 이를 인지하고 있으며, 인물에 대한 평가와 역사적 맥락이 유관하
다는 관점에 공감합니다. 편집 과정에서 우리나라 정서와 맞지 않거나 어린이에게 부적절하다고 판단되는 부분은 최
대한 완곡하게 교정했습니다. 그러나 일부 페이지는 인물에 대한 평가를 다양한 층위에서 논의하고, 어린이 스스로
생각하는 힘을 기를 수 있도록 원서의 내용을 살려 편집했습니다. 따라서 이 책에 서술된 내용은 우리나라에서 연구
된 인물의 역사적 사건 및 생애와 비교했을 때 약간의 차이가 존재할 수 있습니다. 교육 자료로 활용하시거나 아동이
혼자 읽는 경우, 이와 같은 부분에 지도가 필요할 수 있음을 당부드립니다.

찰스 M. 슐츠

'피너츠'의 작가. 별명은 스파키. 어렸을 때부터 신문에 연재되는 만화를 좋아해 만화가를 꿈꾸기 시작함

아버지

칼 슐츠

이발소를 운영하는 슐츠의 아버지. 성실하고 근면하며 만화를 무척 좋아함

어머니

디나 슐츠

슐츠의 어머니. 슐츠가 만화가가 되기까지 응원을 아끼지 않음

스파이크

슐츠가 키우던 똑똑한 반려견이자 스누피의 모델

첫사랑

도나 메이 존슨

슐츠가 직장에서 만난 여성. 사랑에 빠져 청혼함

피너츠 친구들

슐츠가 50년동안 꾸준히 연재한 만화 '피너츠'는 스누피를 비롯한 많은 아이들의 일상을 그리고 있다.

스누피
우드스톡
페퍼민트 패티
마시
찰리 브라운
빨간 머리 소녀
남매
샐리 브라운
라이너스 반 펠트
남매
루시 반 펠트
슈로더

━━ : 가족
─── : 친구
──▶ : 짝사랑

독자 여러분께

- 이 책의 내용은 역사적 사실에 근거해 구성했습니다. 다만 배경이나 복장, 대사와 관련해 정확한 기록이 남아 있지 않은 부분은 만화로서 즐겁게 읽을 수 있도록 일부 각색했습니다.

- 연도는 서기로 표기했습니다. 연대나 인물의 생몰년이 정확하지 않은 경우, 가장 보편적으로 알려진 시기를 채택했습니다. 연표를 비롯한 도서 전반에 표기된 인물의 나이는 전부 만 나이로 기재했습니다.

- 인물전 특성상 출간 직전에 새롭게 발견된 행적이 누락되거나, 시기별 인물에 대한 관점과 다를 수 있습니다. 이 점에 주의 부탁드립니다.

찰스 슐츠

어린이의 마음을 따뜻한 빛으로 비춘, 외톨이 만화가

목차

【감수】
찰스 M. 슐츠 크리에이티브 어소시에이츠
(Charles M Schulz Creative Associates)

【표지 그림】
치코(Chi-ko)

【본문 그림 · 시나리오】
구키 유즈루(KUKI Yuzuru)

네, 전화 받았습니다.

신문에
매일 연재되는
'피너츠' 작가님
맞으시죠?
제가 제일 좋아하는
만화거든요.

여보
세요?
혹시…

슐츠
선생님 댁
인가요?

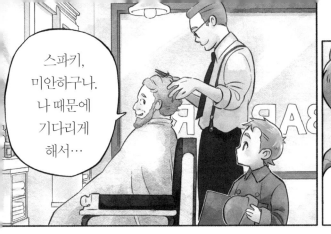

스파키,
미안하구나.
나 때문에
기다리게
해서…

응!

기다리는 건
익숙하지.
아빠는 동네에서
가장 부지런한
이발사니까.

괜찮아요.
그림 그리면서
놀면 되거든요!

태어나고 얼마
지나지 않아
'스파키'라는
별명이 붙었다.

1922년 11월 26일
슐츠는
미국 미네소타주
미니애폴리스※에서
태어났다.

※ 세인트폴의 이웃 마을

슐츠의 집안은 사실
경제적으로 부유한 편이 아니었다.
하지만 열심히 일하는 칼과
살림꾼 디나 덕분에
슐츠는 가난을 느끼지 못할 정도로
행복한 나날을 보냈다.

잘 먹겠습니다!

우적
우적

무엇보다
칼과 디나는
만화를 매우
좋아했다.

온 가족이 모여
식사를 하고
산책하거나
영화를 즐겼다.

만화를
무척이나
좋아했다!

슐츠 역시
진심으로
만화가를
꿈꿀 만큼

프로 만화가나 슐츠처럼 만화가를 목표로 하는 사람들은 독자가 많은 신문에 자신의 만화가 실리기를 바랐다.

이 당시 미국에서 인기 만화라고 하면 유명한 신문에 실려 있는 작품을 말했다.

딸깍

안녕, 스파키!

같이 영화 보러 가지 않을래?

셔미
옆집에 사는 슐츠의 친구

똑똑

네에~

맞아.
미키 마우스
그린 거야.

초등
학교
교실

내 노트에도
그려 줄래?

우와,
완전 똑같아.
정말 고마워.
스파키!

응. 그려
줄게.

한편

초등학생이 된 슐츠는
월반※할 정도로
성적이 좋은
우등생이었다!

또한 그림 실력이 뛰어나
같은 반 친구들로부터
좋은 평가를 받았다.

※ 성적이 좋은 학생이 더 높은 학년으로 특별히 진급하는 것

뭐야, 저 헤어스타일!

아… 학교 가기 싫다.

내일 학교에 가면 내 부스스한 머리에 대한 이야기로 교실이 시끌시끌 하겠지?

발렌타인데이 카드… 같은 반 친구 모두한테 보내는 건데 '내가 좋아하는 친구에게' 라고 써 버렸어.

……

슐츠는 밝은 성격이었지만 소극적이고 낯을 가리는 면도 있었다.

POST

같은 반 친구에게 발렌타인데이※ 편지를 보내자.

※ 미국에서는 소중한 사람에게 마음을 전하는 날로 여김

부끄러움이 많아서
친구들에게 편지를
보내지도 못했다.

보내지
말자…

부끄러워서
도저히 못
보내겠어!

PoST

진심으로
그렇게
생각하긴
하지만…

앗…!

콩닥
콩닥

50명
까지

어린이에게
주는
초콜릿 선물!

나도
받아야지.

맛있게
먹으렴.

아저씨,
고마워요!

그리고 조금
운이 없는 일도
자주 일어나는
아이였다.

이럴
수가…

미안하구나.
다 떨어져
버렸어…

정말
자랑스러워!

오,
대단한걸!

내가 그린
스파이크
일러스트가
신문에 나왔어!

슐츠에게는
이것이
인쇄물로 나온
첫 작품이었다.

우와...

같은 시기 슐츠에게
프로 작가의 만화 원고를
직접 볼 기회가 생겼다.

세인트폴 도서관
만화 전시회

엄청난 실력이야!
이렇게 잘하는데도
편집자의 피드백을
받는구나.

프로 작가
원고를 직접
본 소감은
어때?

프로 만화가는
여러 번 검토하면서
원고를 완성해 가네.

여기는
선이
세세하게
수정되어
있고…

나도 이렇게
그리면 언젠간
내 만화가
잡지나 신문에
연재되는 날이
오겠지?

아빠가
보기에는
스파키가 더
잘 그리는 것
같은데.

…고마워. 하지만
만화가가 되려면
아직 멀었다는 걸
깨달았어.

만화를 더
잘 그리려면
앞으로
어떻게 해야
할까…?

뭐?

그림을 배울 수 있는 통신 강좌?

그래. 신문에 광고가 있더라.

그러던 어느 날

스파키에게 굉장히 도움될 것 같은데…

당연하지!

해도 돼?

해볼래?

아빠도 걱정말라고 하셨어.

괜찮아!

하지만 수강료가 필요하지 않아?

고마워! 내가 꼭 멋진 그림 그릴게!

…!!

스파키 학교는 근처에 있으니까 직접 제출하면 되잖아.

우체국에서 과제 보내고 올게.

슐츠는 1년 동안 미술 교육 학교에서 일러스트와 만화 그리는 법을 배우는 통신 강좌를 수강하기 시작했다.

내 그림은 아직 평가가 안 좋단 말이야.

'이렇게 그리면 안 된다'고 대놓고 말씀하시면…

엄마! 선생님께 직접 평가 받으라는 말이야?

그건 절대 안 돼!

그래 그래, 알았어. 파이팅!

난 충격으로 쓰러질 거야.

슐츠는 역대 학생들 중 가장 많은 과제를 소화했다고 알려져 있다.

난 지금보다 더 좋은 그림을 그리고 싶어. 그래서 이렇게 배우고 있으니까 더 많이 연습하는 수밖에 없어.

또한
고등학교에서 선택한
일러스트레이션
수업도 열심히 했다.
오늘의 과제 '같은 물건 세 개 그리기' 인데요…
저는 다양한 종류를 그려 봤습니다.
옛날 전화기
스포츠 도구
시리얼 상자
이발소 사인볼
CHARLES SCHULZ
CHARLES SCHULZ
CHARLES SCHULZ
굉장해~ 스파키다워.
우와, 이렇게 많이 그렸어?!

신문사에 만화를 투고 한다든지… 이렇게 광고 회사도 알아보고 있어.

그림 그리는 직업을 구하려고 생각 중이야.

이듬해 1941년 말에는 미술 교육 학교의 과정도 수료했다.

그렇구나. 좋네~

그러나 1942년 11월

엄마가 안심하도록 빨리 취업 해야지.

요즘 엄마는 몸이 아프다며 소파에서 누워있을 때가 더 많네…

응. 조심히 잘 다녀오렴.

엄마는 얼른 낫게 몸조리 잘해야 돼.

슐츠는 군인이 되어 미국 육군 훈련을 받게 되었다. 미국이 제2차 세계 대전에 참전했기 때문이다.

디나의 병세는
조금도 나아지지 않았고…
슐츠는 병문안을 위해
주말마다 집에 돌아왔다.

그래서
말인데
엄마.

입대한 지
3개월이 지난
1943년 2월

말투가
엄청 거칠어서
좀처럼
익숙해지지
않아.

전쟁은
너무 싫지만
군대 동료들은
좋은 녀석들
이야.

다만
다들
말투가
좀…

후훗,
열심히 하고
있나 보네.

44

장례식을 마치고
군대로 돌아간 슐츠는

훌쩍

훌쩍

훌쩍

흑흑

흑흑

훌쩍

그날 밤,
숙소에서
혼자 눈물로
지새웠다.

제2장
일과 사랑 그리고 만화!

처음에는
훈련을 겨우
따라갈 정도였으나
곧 씩씩하게 성장했다.
군대 동료들에게도
인정받아
분대장으로
활약하기도 했다.

슐츠는
어머니와의
이별을
극복하고
훈련을
계속했다.

슐츠는 유럽에
파견되었으나
전투에 참여할 일은
거의 없었다.
전쟁이 끝난 뒤
무사히 미국으로
귀국했다.

딸랑
딸랑

어렸을 때는 내가 와도 아버지가 일을 멈추지 않는 게 서운했지만

아니에요. 신경 안 쓰셔도 돼요.

칼! 칼! 내 머리는 다음에 해도 돼!! 아들이 전장에서 무사히 돌아왔다고!

문질 문질

반듯

나는 어른이 된 거야.

아버지는 이발사로서 자부심과 신념을 가지고 일하고 계셔.

얼마나 멋진 일이야!

병역이라는 중대한 일을 해낸 지금의 나는 이제 이해할 수 있어.

만화가가 되는 것을 목표로 만화를 홍보하고 판매하면서 그림과 관련된 두가지 일을 하게 되었다!

제대한 뒤 슐츠는 아버지와 세인트폴에 있는 아파트에서 살기 시작했다.

하나는 가톨릭 교회 교재를 만드는 회사에서 만화의 말풍선에 글씨를 베껴 쓰는 일이었다.

수고 많았어. 이건 오늘 거야.

안녕하세요. 어제 받은 원고입니다.

맞아. 못 읽어도 초고랑 똑같이 베껴 쓰면 되니까 문제없을 거야.

부
스
럭

이건 스페인어 인가요?

읽을 수 없어…

슐츠 23살

네!

미안하지만 이건 빠르게 부탁해.

싱긋

네. 글씨 쓰는 건 자신 있어요!

※ 인쇄물이나 간판에 넣는 글자를 디자인하거나 읽기 쉽게 쓰는 것

이 일을 통해 레터링※ 기술을 익혔을 뿐만 아니라 슐츠가 그린 일러스트가 책자에 사용되는 등 여러 경험을 쌓을 수 있었다.

제대로 해야 돼.

나도 만화 작품 일부에 참여하고 있는 거야.

쓱 쓱

쓱

완성된 원고는 우편함에 넣고…

이른 아침이라 그런지 아직 사무실 문이 닫혀 있네.

후아암…

쨍

쨍

자, 이제 다음 일!

툭

귀여워!!

스파키가 낙서한 그림!

팔 랑

와아…

우와…

무슨 좋은 일이라도 있었어?

좋아~ 열심히 일해 보자!

후 후

아무것도 아니야.

왜 그래? 스파키.

아

깜짝 이야…

…

두 근

그래도 아침부터 도라랑 대화하다니 오늘은 운이 좋은 것 같아.

두 근

네.

이건 오늘 거야.

스파키, 글씨 넣는 작업 아침 일찍 마무리해줘서 고마워.

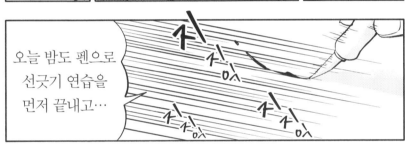

오늘 밤도 펜으로 선긋기 연습을 먼저 끝내고…

바쁜 나날이었지만 3년간의 군대 생활에서 얻은 인내력과 체력이 슐츠를 지탱해 줬다.

얼른 끝내고 만화도 그리자!

자, 일해야지~ 일!

낮에는 학교에서 일하고 밤에는 글씨 넣는 일과 펜 연습, 만화 제작까지…

축하해!
신문
만화잖아!

지역 신문
인데다가
아주 작게
실리는
것뿐이야.

그게 무슨 말이야.
네 만화를
많은 사람이
보게 되는
건데!

기대
되는걸!

고마워.

직장
동료들은
나도,
내 작품도
정말 많이
좋아해 줘.

이렇게
좋은 동료들과
함께 일할 수
있다니 얼마나
행복한 일인지
몰라.

모두가
조언해 준
덕분이야.

찰리 브라운이나
라이너스…
직장 동료들이랑
소꿉친구인 셔미도!

으
음

좋아하는
사람들의
이름으로
짓자.

！

그래!

흐음,
어감이
좋은걸…

씨
익

도나의
이름에는
어떤 캐릭터가
어울릴까?

예쁜
빨간 머리와
파란
눈동자의
도나.

언젠가
도나도
등장시키고
싶어.

피크닉 와서 달콤한 팬케이크에 루트비어로 건배라…

스파키답네.

후후훗

너는 날 계속 응원해 주고

목표였던 잡지에 만화가 실린 것도 같이 기뻐해 줬잖아.

도나.

예?

옛?

벌떡

방긋

이제 계약은 끝일세. 그동안 수고 많았군.

그럼 자네는 다른 곳에서 연재하면 될 것 같네.

프로의 세계는 이렇게… 냉정한 건가.

해고된 거야?!

협상 실패

슐츠는 새로운 마음가짐으로 계속 작품을 홍보했다.

너무 쉽게 생각한 것 같아.

다시 처음부터 시작하자.

하아…

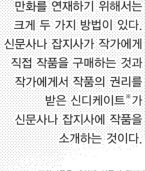

만화를 연재하기 위해서는 크게 두 가지 방법이 있다. 신문사나 잡지사가 작가에게 직접 작품을 구매하는 것과 작가에게서 작품의 권리를 받은 신디케이트※가 신문사나 잡지사에 작품을 소개하는 것이다.

※ 만화가들을 대신해 신문과 잡지에 만화 작품을 연재해 주는 조직

실력 있는 편집자와 신디케이트를 만나서 유명한 신문이나 잡지에서 연재하는 다음 목표를 향해 한발 더 다가설 거야.

조마조마

팔랑팔랑

홀끗 홀끗

그저 그렇네요. 필요 없을 것 같아요.

툭

아무리 그래도 저런 태도라니… 너무 예의가 없잖아.

하아…

하지만 냉정하게 거절 당하는 일도 많았다. 그때마다 슐츠는 몹시 실망하며 집으로 돌아갔다.

덜컹

덜컹

아…

덜컹

덜컹

그럼에도 다시 만화를 그려서 주말마다 기차 타고 신문사와 신디케이트를 찾아 다녔다.

지금 읽고 계시는 만화 재미있나요?

두근 두근

Comic & News

만화 잡지를 읽고 있어.

그렇 ……군요.

네…

기차 여행은 슐츠가 낯가림을 극복하는데도 도움이 되었다.

조용~…

크흠

모르는 사람에게 말을 걸 수 있게 되었지만 대화를 계속 이어가는 건 어렵네.

덜컹 덜컹

덜컹

덜컹

덜컹 덜컹

생긋

네… 정말
다행이에요.

하지만

모처럼 좋은
기회가 왔는데
그동안 그려 놓은
네 컷 만화를
보여드릴까?

두근
두근

콩닥
콩닥

Weekly

제 3 장

헬로 피너츠!

1950년
6월
12일
아침,
뉴욕

슐츠 27살

어서 오시게. 슐츠 작가.

유나이티드
픽처스
신디케이트

오늘 아침 일찍 한 번 다녀 갔다고?

네. 어제 긴장해서 잠을 설쳤거든요.

철컥

끼익

아침에 왔을 때 접수 직원 분께 원고를 맡겨 두었습니다.

꿀꺽

쿵쾅

쿵쾅

쿵쾅

예?

미안하지만 이미 비슷한 제목의 작품이 있거든.

이건 좀 어렵겠어.

릴 포크스… '꼬마 친구들'인가.

'찰리 브라운'으로?

그것도 좀 아닌 것 같은데…

그럼 주인공 이름을 제목으로 하면 어떨까요?

그래!

'피너츠' 라고 하자!

?!

으음, 그러면…

뭔가 딱맞는 제목 없을까?

아… 응?

다양한 꼬마들이 매일 등장하는 만화니까…

스파키,
축하해!

대형
신디케이트와
계약을 맺은
거야?
대단해!!

운만으로
해낸 게
아니야.

운이
좋았던
거지.

눈에
안 보이는
힘일지도
모르지만
대단한
거야.

덕분에
기회를
잡을 수
있었어.

스파키는
재능을
키우기 위해
끊임없이
노력하는
사람인걸.

전부터
너에게
말하고
싶었던 게
있어.

도나…

피너츠?
땅콩 말이야?
우리 가게에
땅콩은
안 팔아.

1950년
10월 2일

'피너츠'가
실려 있는
신문 주세요.

팔랑

여기
있네.

그니까
제목이
이상하다
했잖아.

우엑

미국 전 지역
7개 신문에서
연재가
시작됐다고!

NEWS

연재를 시작한 지 얼마 되지 않았을 때는 사람 네 명과 강아지 한 마리만 등장했다.

스누피

셔미

찰리 브라운

1951년
콜로라도주
스프링스※

※ 미국 콜로라도주 중동부에 있는 산과 자연에 둘러싸인 도시

스파키!

잠깐 외출할 건데 메러디스 좀 봐줄래?

'피너츠'를 연재하기 시작한 후 슐츠는 새로운 사랑을 만나고 가족도 생겼다.

폭발적인 인기를
끌지는 못했지만
귀여운 캐릭터와
독특한 대사를 좋아하는
팬이 점점 늘어 갔다.
연재를 시작한 이듬해에는
20개 신문에 연재될
정도였다.

바이올렛

패티

고마워.
다녀올게!

알았어.
잘
다녀와.

아내 조이스는
직장 동료의
여동생으로,
쾌활한
여성이었다.

메러디스
슐츠의 딸

조이스
슐츠의 아내

슐츠 28살

메러디스는 조이스가 데려온 아이로 슐츠와 혈연관계는 아니었지만 사이가 아주 좋았다.

딸랑 딸랑

엄마는 승마하러 갔으니까 메러디스는 아빠랑 집에 있자.

도시에서 자란 아빠는 말을 탈 줄 모르거든.

1952년 2월 조이스와 슐츠 사이에 아들 몬티가 태어났다.

식구가 많아지면서 집안은 시끌벅적해졌다. 그래서 슐츠는 시내에 혼자 있을 수 있는 조용한 작업실을 빌렸다.

좋은 영감을 떠올리기 위해 익숙한 환경이 중요한 타입일지도 모르겠어.

하아~

안 되겠어. 집중할 수 있을 줄 알았는데… 이렇게 조용하니 오히려 마음이 차분하지가 않네.

하지만…

싱숭
생숭

94

이듬해에 셋째 아들
크레이그가 태어나면서
슐츠 가족은
더욱 활기가 넘쳤다.

일하는 중에도
아이들의
목소리를 듣고
웃는 얼굴을
보고 싶다.

미니애
폴리스의
하늘도
그립네…

크레이그
둘째 아들

몬티
첫째 아들

1952년 봄
슐츠 가족은
번화한 관광지인
콜로라도주 스프링스에서
정든 미니애폴리스로
돌아갔다.

친구인 루시가 합류했어.

루시는 메러디스를 모델로 만들었지.

기가 세서 성격 좋은 찰리 브라운이 휘둘릴 것 같아.

인간처럼 생각하는 스누피.

둥근 얼굴에 평범하지만 성격이 좋은 것 하나는 장점인 찰리 브라운.

두뇌 회전이 빠르지만 담요가 없으면 불안해 하는 캐릭터야.

이 아이는 루시의 동생 라이너스… 몬티가 모델이지.

이런 루시가 사랑하는 사람은 슈로더.

과연 루시를 어떻게 생각하고 있을까?

베토벤을 매우 좋아하고 피아노를 잘 치는 슈로더는

찰리 브라운과
스누피 주변에는
너희들처럼
독특한 면이 있지만
유쾌한 친구들이
모여든단다.

1955년
여름에는
100개의
신문에
연재한다는
목표도
달성했다.

'피너츠'는 계속
인기를 끌었다.
등장인물도 많아지고
일요판으로 게재가
확장되었으며,
단행본 발행도
시작했다.

PEANUTS

두근
두근
조마
조마

같은
해

그럼
발표하겠
습니다.

슐츠 32살

몬티, 크레이그에 이어
넷째 딸 에이미와
다섯째 딸 질도 태어났다.

1958년 슐츠
가족과 함[께]
날씨가 따뜻[한]
캘리포니아[로]
이주했[다.]

메러디스

에이미

질

몬티

크레이그

꾸준히
만화를 그리며
다섯 명의
아이들과 함께
시간을 보냈다.

슐츠는
인기 만화가라는
명성을 떨치게
되었음에도
생활 스타일이
변하지 않았다.

아빠!

이 시기에 처음으로 '피너츠'의 캐릭터 상품을 선보였다.

단행본과 작품집은 줄줄이 팔렸고, 대규모 자동차 기업 포드 광고에도 '피너츠'의 캐릭터가 선정되었다.

찰리 브라운에게는 여동생 샐리가 생겼고 샐리는 라이너스를 짝사랑했다.

아무 문제 없어. 메러디스!

만화는 너희랑 연날리기 하고 나서 그려도 돼.

1962년에는 '행복은 포근한 강아지'를 출간했는데

간단한 시에 일러스트를 곁들인 그림책 시리즈는 베스트셀러가 되었다.

유명한 잡지 '타임'의 표지를 장식할 만큼 인기가 높아진 '피너츠'는

1964년에는 두 번째 루벤상을 수상했다.

1965년 마침내 애니메이션 프로그램으로 TV에 방영되었다.

너희들이 즐겁게 봤다면 애니메이션으로 만들길 잘한 것 같네.

슐츠의 걱정과는 달리
찰리 브라운과 캐릭터들이
크리스마스의 의미를 생각하는
이 프로그램은 무려
미국 국민의 절반이 시청했다.

짝짝

짝짝

짝짝

짝짝

짝짝

짝짝

그리고
'찰리 브라운의
크리스마스'는
훌륭한 TV 프로그램에
주어지는 에미상
어린이 부문에서도
수상했다.

방송국에는
소감을 전하는
시청자들의
전화가
끊임없이
울렸다.

이러한
응원 덕분에
속편도 제작되어
큰 화제를
불러 일으켰다.

먼 곳에 살고 있던 칼이 기뻐하며 이번 수상을 축하하러 방문했다.

'피너츠'는 만화도 애니메이션도 인기가 대단하더구나.

에미상도 받고 루벤상은 두 번 이나…

내년에는 오프브로드웨이※ 에서 뮤지컬 공연도 하게 된다니.

※ 미국 뉴욕에 있는 소극장 거리

네. 너무 쑥스럽네요…

넌 어렸을 때부터 그림을 잘 그리고 만화를 정말 좋아하긴 했지만

후

이렇게 훌륭한 만화가가 될 줄이야.

나는 오늘도 변함없이

열심히 즐겁게 만화를 그리고 있으니까.

찰리 브라운의 반려견 스누피와 그의 상상력 덕분이었다.

'피너츠'가 큰 인기를 얻게 된 것은

개집 지붕에서 낮잠을 자게 되었다.

2족 보행을 하더니

하지만 곧 머릿속으로 생각을 하게 되고

스누피도 처음에는 평범한 강아지였다.

다른
동물들의
성대모사를
하기도
하고

MOO!

슐츠가
그리는 선이
더욱 느슨하고
부드러워지면서
스누피의 상상력은
무궁무진하게
퍼져 나갔다.

또 어떤
때는
용감한
비행사가
되었다.

타자기를 치는
작가가
되기도 했다.

그리고…

제4장

50년 동안 매일매일

콰아아

1969년 5월

슐츠 46살

무사히 달의 주회 궤도에 도달하고…

두근 두근

사령선 '찰리 브라운'에서 분리된 착륙선 '스누피'가

달 착륙을 위한 리허설을 하겠습니다.

지금 달을 향해 아폴로 10호가 발사 되었습니다!

!!!!

미국 뿐만 아니라
전 세계가 주목하는
아폴로 계획에서
'찰리 브라운'과 '스누피'가
우주선의 닉네임으로
사용되었다.

이는 '피너츠'가
많은 사람들로부터
사랑받고 있다는
증거였다.

참고로 스누피는
만화 속에서
인류보다
4개월이나 먼저
달을 여행했다.

이때부터 2개월 뒤인
1969년 7월
아폴로 11호에 의해
인류 최초의 달 착륙이
이루어졌으며,
달 탐사 계획을
계속 이어갈 수 있었다.

한편 비슷한 시기 슐츠와 조이스의 부부 관계는 조금씩 금이 가고 있었다.

조이스는 활발하고 새로운 일을 시작하는 것을 매우 좋아하는 반면, 슐츠는 평소의 같은 안정을 중요하게 여겼다.

성향이 너무 달랐던 두 사람은 결국 이혼했다. 슐츠는 작업실로 거처를 옮겼다.

캘리포니아주 샌타로자 스누피 플레이스 1번지

1
SNOOPY
PLACE

나는 쓸모없는 사람이야!

이런 쓸쓸하고 비참한 상황에 처하다니…

우중충

이제 가족과 떨어져 살아야 돼.

뚝…

하아
……

내가 좌절하면
할수록 오히려
만화는 재미있다고
호평을 받는
상황이라니.

좋은
긴지
나쁜
건지…

하지만…
그래서
인지

찰리 브라운은
아무리 실망해도
희망을 잃지 않는
소년이니까.

"그렇지만
나에게도
언젠가
좋은 일이
생길 거야."

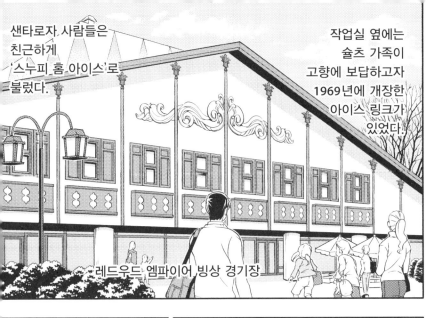

샌타로자 사람들은 친근하게 '스누피 홈 아이스'로 불렀다.

작업실 옆에는 슐츠 가족이 고향에 보답하고자 1969년에 개장한 아이스 링크가 있었다.

레드우드 엠파이어 빙상 경기장

자, 슬슬 작업실로 돌아갈까?

슐츠는 아이스하키를 무척 좋아해서 직접 경기에 출전하기도 했다.

아이스 링크 카페에는 슐츠가 좋아하는 자리가 있었다. 그곳에서 선수들의 새벽 훈련을 바라보며 커피 마시는 것이 슐츠의 일과였다.

또한 해마다 스케이트쇼를 기획하고 개최하며 아이스 스케이트를 즐겼다.

하핫, 재미있잖아?

대사를 조금 더 심플하게 쓰면 좋을 것 같아.

이건 만화 작품이네.

슐츠의 어시스턴트가 되고 싶다고 자신을 어필하는 편지도 있었다.

이 편지는 어떻게 답장할까요?

주로 팬레터나 신인 만화가들이 조언을 받기 위해 보내는 편지였다.

대사를 베껴 쓰는 것도 내가 정말 좋아하는 작업이라 다른 사람에게 맡기고 싶지 않거든.

모든 제작 작업은 나 혼자 충분하고

마음은 고맙지만… 거절하는 답장을 보내야겠어.

"제 레터링 기술은 분명 슐츠 씨에게 도움이 될 거라…"

여보
세요?

점심식사를 끝내면
다시 작업을 시작한다.

슐츠는
작업실 연락처를
공개했기 때문에
팬들로부터
걸려온 전화를
직접 받기도 했다.

그래,
맞단다.

싱긋

여보세요?
혹시…
슐츠 선생님
맞으세요?

1. 신문에 인쇄되는 것보다
더 큰 종이에 컷 테두리를 그린다.

슐츠가 만화를 그리는 속도는
빠르고 일정했다.
내용이 정해져 있다면
1시간 만에 평일판 만화
한 편을 그릴 수 있었다.

자, 다음은
일요판.

내가 어렸을 때
니들스에 이사갔던
기억을 떠올리게
하는 이야기야.

THAT'S REAL NEAT! BUT IT DOESN'T LAST! SUDDENLY, YOU'RE GROWN UP, AND IT CAN NEVER BE THAT WAY AGAIN!

3. 대사를 읽기 쉽도록 베껴 쓴다.

2. 대사 초고를 쓴다.

5. 펜과 잉크로 그림을 덧그린다.

4. 밑그림을 그린다.

THAT'S REAL NEAT! BUT IT DOESN'T LAST! SUDDENLY, YOU'RE GROWN UP, AND IT CAN NEVER BE THAT WAY AGAIN!

사각사각

THAT'S REAL NEAT! BUT IT DOESN'T LAST! SUDDENLY, YOU'RE GROWN UP, AND IT CAN NEVER BE THAT AY AGAIN!

스윽

스윽

그리고 남은 요일에는 분량이 많고 컬러로 된 일요판 만화를 공들여 완성했다!

일주일치 에피소드를 한꺼번에 생각해 뒀다가 이틀에 걸쳐 평일판 흑백 만화 여섯 편을 그렸다.

PEANUTS featuring

LATELY EVERYTHING SEEMS TO BOTHER ME...

HOW DO YOU

SECURITY IS SLEEPING IN THE BACK SEAT OF THE CAR...

WHEN YOU'RE A LITTLE KID, AND YOU'VE BEEN SOMEWHERE WITH YOUR MOM AND DAD AND IT'S NIGHT, AND YOU'RE RIDING HOME IN THE CAR, YOU CAN SLEEP IN THE BACK SEAT..

YOU DON'T HAVE TO WORRY ABOUT ANYTHING...YOUR MOM AND DAD ARE IN THE FRONT SEAT AND THEY DO ALL THE WORRYING...THEY TAKE CARE OF EVERYTHING...

THAT'S REAL NEAT! BUT IT DOESN'T LAST! SUDDENLY, YOU'RE GROWN UP, AND IT CAN NEVER BE THAT WAY AGAIN!

SUDDENLY, IT'S OVER, AND YOU'LL NEVER GET TO SLEEP IN THE BACK SEAT AGAIN! NEVER!

NEVER?

ABSOLUTELY NEVER!

HOLD MY HAND, CHUCK!!

만화를 그리는 데 있어
슐츠의 주의 깊고
신중한 태도 덕분에
편집자들로부터
무척이나 두터운
신뢰를 얻었다.

오 철자도 맞네.

혹시 모르니 사전에서 단어를 확인 해야겠어…

후우~ 오늘은 여기까지!

오후 4시쯤이 되면 그날의 작업을 모두 마쳤다.

철컥

다들 내일 봐요.

스파키 씨 수고 많으셨 습니다.

꾸깃 꾸깃 휙

아침에 낙서 한 건

버리고…

128

스파키 씨야 매일 그리는 낙서겠지만 팬들에게는 소중한 그림인걸.

깨끗하게 펴서 보관 해야지.

퇴근 후에는 친구들과 식사를 하거나 아이스하키를 즐겼다.

그리고

좋은 밤.

10시쯤에는 깊숙이 잠에 들었다.

어머,
슐츠 씨.
안녕
하세요.

안녕하세요.
옆에서
같이 먹어도
될까요?

그럼요.

샌타로자에서
슐츠는 어느정도
유명한 사람이었는데
특히 스케이트장에
다니는 주민들은
대부분 그를
알고 있었다.

처음 인사
드리네요.
진이라고
합니다.

딸의
스케이트
연습이
끝나기를
기다리고
있어요.

그런가요?
제 딸들도
여기에
연습하러
왔거든요.

방긋

진 클라이드

어머.

이거 참...

아무리 빨리
마무리해도
조금이라도
방심하면 바로
마감이 코앞으로
다가올 것
항상 걱정   같아서
이랍니다.

슐츠는 총명한
진에게 호감을 느꼈고
곧 사랑에 빠졌다.

아하하하

진 씨,
아빠를
잘 부탁
해요~

그리고 둘은
1973년 9월
서로의 아이들과
친구들에게
축복받으며
결혼했다.

아빠,
축하해!

슐츠 50살

가족과
반려견들이
함께하는
슐츠의 생활은
평온하고
행복했다.

이듬해에는
손자도 태어나
해마다 가족이
늘어 갔다.

슐츠는 매일
좋아하는
만화를
계속 그려
나갔다.

'피너츠'에서
친구들이 늘었고
인기는 여전했다.

그리고
1981년 9월
가벼운 증상으로
방문한 병원에서
심장 수술이
필요하다는 진단을
받게 되었다.

술도
담배도
안 하는 내가
심장 수술
이라니…

걱정
인걸…

하
아

슐츠 58살

쓱쓱

쓱쓱

끼익

끼익

맞다.

툭

후우

하아

!

스누피도
재활 치료 하는
거야?

BLACK BALL.

RATS!

간호사님이
벽에다 뭐라도
그려달라고
부탁했을때는
싫어했으면서.

실 벽에 그려진
화※는 입원 환자와
사들에게
은 반응을 얻어
금도 병원에
겨져 있다.

어젯밤
문득
생각이
나서.

쿡
쿡

원 보수할 때 다시 그려짐

이듬해 1984년 '피너츠'를 싣는 신문이 2000개를 넘어섰다.

그 기록은 '기네스 세계 기록'에 등재되었다.

1983년 TV 애니메이션 시리즈가 시작되었고 테마파크 캠프 스누피도 개장했다.

연재 30년을 넘기면서 재미를 더욱 추구했던 슐츠는 네 컷 만화인 '피너츠'의 구성을 바꿨다.

슐츠의 표현 방법은 더욱더 자유로워졌다.

YOUR DOG ON YOUR LAP.. PERFECT CONTENTMENT..

BUT WHO'S THAT IN THE BACK ROW?

OLAF! THAT'S OLAF!

THERE'S ALWAYS SOMEBODY READY TO REMIND YOU OF THE DUMB THINGS YOU DID WHEN YOU WERE YOUNG..

LIFE IS FULL OF MYSTERIES..

슐츠 61살

어느 날 아침

딸깍

여보, 잘 잤어?

이렇게 아침 일찍 누구 전화야?

만화가 분이 지금도 살아 있냐고 물어보더라.

'피너츠' 팬인 여자아이였어.

또 그런 질문?

당신만큼 오랫동안 휴가도 없이 계속 일할 수 있는 사람은 드물 테니까.

음… 그럴 수도 있겠네.

꽤 오랫동안 연재하고 있어서 그런지 어린아이들은 작가가 아직 살아 있는지 궁금해 하는구나.

사실 이런 할아버지긴 하지.

휴가라…

흠 …

……

75살을 기념해 슐츠는 처음으로 5주 동안의 장기 휴가를 가졌다.

1997년

여행도 가자.

아이스 하키도 하고

골프 치러 가자!

미리 그려 놓은 원고가 있어서 괜찮아.

여보

'휴가'를 만끽하자고!

당신, 작업은 안 해도 되는 거야?

슐츠 75살

좋아,
좋아.

3주 후

이거야!

어머, 당신
만화 그리고
있어?

아직
휴가 중
인데?

내가 만화를
쉬었던 때는
몸이 아팠을 때
뿐이니까.

하긴

응···
그렇긴
하지만

계속
쉬었더니
지루해서.

뭐?

140

이게
뭐야?

팔랑
팔랑
···

1998년
5월

CHARLIE
BROWN!
WHERE HAVE
YOU BEEN?

I'VE BEEN DOING
THE HOKEY-POKEY
WITH PATTY
AND MARCIE..

LISTEN..THEY'RE
PLAYING A
FOX TROT..

NOW I CAN ASK
THE LITTLE RED
HAIRED GIRL
TO DANCE..

I THINK
SOMEONE
IS AHEAD
OF YOU..

"DAISY AND GATSBY
DANCED.. I REMEMBER HIS
GRACEFUL CONSERVATIVE
FOX TROT"

네?

'빨간 머리
소녀'가
등장했어!!

그동안 모습을
드러내지 않았던
찰리 브라운의 짝사랑,
'빨간 머리 소녀'가
드디어 실루엣으로
등장했다.

빨간 머리
소녀의 등장은
오랜 독자들을
놀라게 했다.

벌
떡

만화를 보며
옛 추억을
떠올리고
그리워했으면
좋겠어.

짝사랑은
누구나 가지고
있으며,
우스꽝스럽고
애틋해서
잊을 수 없는
추억 중 하나지.

슐츠는 하루도 빠짐없이
만화를 계속 그렸다.
변함없는 안정감을
유지하면서도
새로운 즐거움을
전달하는 것을 목표로 했다.

찰리
브라운은
빨간 머리
소녀를

루시는
슈로더를,
샐리는
라이너스를
짝사랑했다.

패티와 마시는
찰리 브라운을
좋아했지만

그는 그 마음을
받아들일 수 없었다.

하지만
서로 좋아하면
만화가 재미
없겠지?

짝사랑만
하면
불쌍하게
여기려나?

일간지는 2000년 1월 3일, 일요판은 2월 13일을 마지막으로 연재가 끝난다는 소식에 전 세계 독자들이 놀라움에 휩싸였다.

이때까지 슐츠는 '피너츠'를 약 1만 8천 회 동안 그려 세계 75개국 2600개 이상의 신문에 연재되고 있었다.

OH, GOOD GRIEF!

Goodbye, Charlie Brown

1999년 12월 14일

고마워, 스누피!

'피너츠'가 드디어 마지막 회 라고?!

게다가 슐츠 작가는 은퇴한다니?

피너츠 작가 슐츠가 은퇴를

'nuts' creato
y retires

OH, GOOD GRIEF!

'피너츠'를 사랑해 준 팬들을 생각하며 마지막 회 원고를 그렸다.

은퇴를 선언한 슐츠는

144

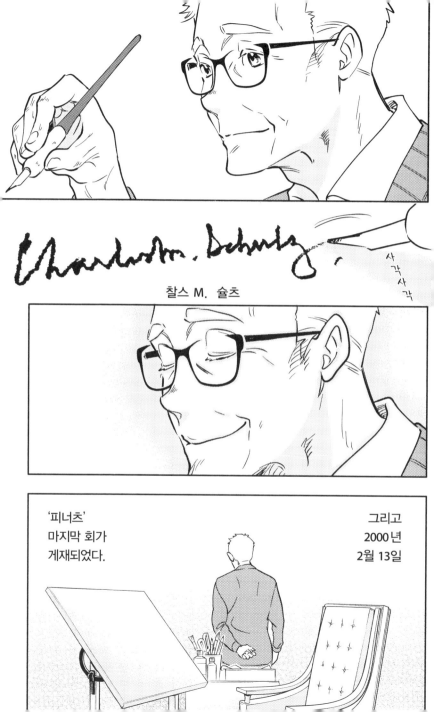

찰스 M. 슐츠

사각사각

'피너츠'
마지막 회가
게재되었다.

그리고
2000년
2월 13일

독자 여러분께

행복하게도 저는 찰리 브라운과 친구들의 이야기를
50년 동안 계속 그려 왔습니다. 어릴 적 꿈이 이루어졌지요.
안타깝게도 저는 더 이상 만화를 연재할 수 없게 되었습니다.
저희 가족이 피너츠를 제가 아닌 다른 누군가에게 맡겨서
연재를 지속하는 것을 원하지 않기에 저는 은퇴하기로 결정했습니다.
그동안 편집자 분들의 헌신 덕분에 여기까지 왔습니다.
팬 여러분이 보여 주신 응원과 사랑에 감사드립니다.
찰리 브라운, 스누피, 라이너스, 루시…
모두 제 마음 속에서 언제까지나 살아갈 것입니다.

찰스 M. 슐츠

마지막
회에는
숨겨진
일화가
있다.

2000년
2월 12일 새벽,
슐츠는 잠을 자는 사이에
숨을 거뒀다.

마지막 회가 실린
일요판이 공개되기
불과 몇 시간 전에
생긴 일이었다.

마지막 회를 맞이하고도
'피너츠'는 사람들에게
계속 사랑받는 작품이었다.
미국 의회에서 표창을
받을 정도였다.

지금도, 앞으로도
전 세계 사람들은
'피너츠'가 실린 책과
잡지, 캐릭터 상품을
언제 어디서나
찾아볼 수 있을 것이다.

이렇게 힘든 하루 속에서 피식 웃게 해주는 존재.

또는 정말 좋아하는 친구와 싸우고 말았다면?

분명 어른이 되어도 슬프고 힘든 일이 있을 것이다.

바로 여러분 곁에 있는 친구 같은 만화였다.

MY DOG IS HOME!

픽업 — 스누피는 비글

스누피는 데이지힐 농장에서 태어난 비글이야.
스누피가 말하길 비글은 매우 유능한 강아지래!

▲귀를 회전시키면 하늘도 날 수 있어!

픽업 — 우드스톡은 작은 철새

스누피의 가장 친한 친구 우드스톡은 친구가 많아!

로이

해리엇

프레드

레이먼드

콘래드

빌

올리비에

스누피 대도감

모두가 좋아하는!
스누피♥

스누피는 찰리 브라운이 키우는 비글이야. 하지만 스누피는 찰리 브라운을 단지 밥 주는 둥근 머리 남자애로만 생각하는 것 같아. 이름을 전혀 기억하지 못하거든. 먹보 스누피는 피자, 쿠키, 아이스크림을 정말 좋아해! 또 운동신경이 좋아서 야구, 축구를 비롯해 스포츠라면 다 잘하지!

스누피의 변화

[1956년경]
일어나서 신나게 춤을 추기 시작했어!

[1954년경]
조금 자라면서 귀가 커지고 코가 둥글어졌어.

[1950년경]
강아지 시절. 네 발로 걷고 있었어.

픽업 상상을 좋아하는 흉내쟁이!

상상력이 풍부한 스누피는 '플라잉 에이스'나 '소설가' 등으로 변신하는 상상에 빠지는 것을 매우 좋아해. 흉내내기도 잘해서 스누피가 흉내낸 것만 140가지가 넘어!

소설가

조 쿨

플라잉 에이스

비글 스카우트

픽업 기쁠 때는 해피 댄스!

밥 먹을 때나 즐거울 때 사소한 기쁨을 특별한 춤으로 표현하는 거야.

▲여러 가지 춤이 있어

[1980년경]
풍부한 표정을 지닌 스누피가 되었지!

[1972년경]
얼굴이 커지고 귀가 조금 작아졌어.

[1960년경]
초기 이미지로 돌아와 코가 커졌어.

'지지해 준 사람' 소개 슐츠 편

가까이에서 슐츠를 지지해 준 사람들의 대단한 점을 소개할게!

칼 슐츠

존경 레벨
★★★★★

동네 최고의 이발사였던 아버지 ....

칼은 늘 서서 일하는 이발사 일을 성실하게 해냈어. 그런 아버지의 모습을 보고 자랐기에 슐츠도 만화가가 되기 위해 진지하게 노력할 수 있었던 거야.

디나 슐츠

응원 레벨
★★★★★

만화가의 꿈을 뒷받침해 준 어머니 ....

디나는 애정을 가득 담아 슐츠를 응원했어. 미술 교육 학교의 통신 강좌를 수강할 수 있도록 권유한 것도 디나였어.

진 슐츠

애정 레벨
★★★★★

슐츠를 늘 지켜봐 준 파트너 ....

슐츠와 아내 진은 함께 테니스를 즐기던 사이 좋은 부부였고, 그녀는 슐츠의 마지막까지 곁에서 힘이 되어 줬어.

다섯 명의 아이들

만화를 그리는 원동력

마음활력소 레벨
★★★★

슐츠는 다섯 명의 아이들에게 큰소리치지 않고 같이 놀아 주던 자상한 아빠였어. 아이들을 관찰하다가 만화의 소재나 캐릭터의 아이디어를 떠올리기도 했지.

도나 메이 존슨

'빨간 머리 소녀'의 모델

달콤쌉싸름 레벨
★★★

도나는 슐츠가 젊은 시절 좋아했던 여성이야. 청혼을 했지만 거절당하고 말았어. 그때의 풋풋한 추억이 '빨간 머리 소녀'의 에피소드를 만든 계기가 되었지.

대사 Best 3 슐츠 편

'피너츠'에 나오는 장면 중에 말해보고 싶은 대사, BEST 3을 선정했어!

1위

【찰리 브라운】
바로 나 자신을 좋아해 줬으면 좋겠어.

I WANT TO BE LIKED FOR MYSELF..

내 주위에 있는 사람들이 좋은 사람들이어서 나에게 호감을 갖는 게 아니라 내가 매력 있기 때문에 상대방이 나를 좋아해 줬으면 좋겠어.

어떨 때 쓸 수 있을까?

진정한 친구를 사귀기 위해 어떻게 해야 할지 망설여질 때 이 말을 떠올려 보자.

2위

【스누피】
주어진 카드로 승부할 수 밖에 없는 거야.

YOU PLAY WITH THE CARDS YOU'RE DEALT..

무작위로 주어진 트럼프 카드처럼 외모와 성별, 태어난 곳은 스스로 정할 수 없어. 있는 그대로의 모습으로 내가 어떻게든 해야 하지.

어떨 때 쓸 수 있을까?

사기 힘으로는 어떻게 할 수 없는 일이나 지나간 일로 고민하는 친구가 있을지도 몰라. 이럴 때는 스누피의 말로 격려해 보자!

3위

【라이너스】
도망칠 수 없을 만큼 크거나 복잡한 문제는 없어!

NO PROBLEM IS SO BIG OR SO COMPLICATED THAT IT CAN'T BE RUN AWAY FROM!

만약 어떤 문제나 부담이 있더라도 혼자서 고민하지 마. 정말 심각하게 고민해야 하는 문제라면 도망쳐도 괜찮다는 기분으로 대처하는 게 좋아.

어떨 때 쓸 수 있을까?

친구들과의 관계로 고민이 되거나 부담감을 많이 느낄 때 이 말을 떠올려 보자.

슐츠 연표

연대	나이	주요 사건
1922	0 살	11월 26일 미국 미네소타주 미니애폴리스에서 태어남
1937	15살	슐츠가 그린 일러스트가 처음으로 신문에 게재됨
1939	17살	제2차 세계 대전이 시작됨
1940	18살	미술 교육 학교의 통신 강좌를 수강함
		같은 해에 고등학교를 졸업함
1942	20살	군인이 되어 미국 육군 훈련을 받음
1943	21살	어머니 디나가 사망함
1945	23살	제2차 세계 대전이 끝남
1947	25살	지역 신문에 만화가 연재되어 만화가로 데뷔함
1950	28살	미국 전 지역 7개 신문에 '피너츠'가 연재되기 시작함 ··············
1951	29살	조이스와 결혼함
1955	33살	'피너츠'가 100개 이상의 신문에 연재됨
		루벤상을 수상함
1964	42살	두 번째 루벤상을 수상함
1965	43살	첫 애니메이션 작품 '찰리 브라운의 크리스마스'가 방영됨

미국 전 지역 7개 신문에서 연재가 시작됐다고!

▲ 슐츠는 대형 신디케이트와 계약을 맺어 찰리 브라운과 스누피로 미국 여러 지역에서 데뷔했어

가족과 팬들의 도움으로 50년 동안
쉬지 않고 만화를 계속 그린 찰스 슐츠.
한결같았던 그의 인생을 되돌아보자.

연대	나이	주요 사건
1966	44살	'찰리 브라운의 크리스마스'로 에미상을 수상함
		아버지 칼이 사망함
1969	47살	캘리포니아주 샌타로자에 아이스 링크를 개장함
		아폴로 10호가 달을 향해 발사됨··············
1972	50살	조이스와 이혼함
1973	51살	진과 재혼함
1981	59살	병원에 입원해서 벽에 스누피를 그림
1984	62살	'피너츠'를 연재하는 매체가 2000개를 넘으면서 기네스 세계 기록으로 인정됨
1999	77살	은퇴를 발표함
2000		2월 12일에 세상을 떠남
		다음날 13일 일요판 신문에 '피너츠' 마지막 회가 실림

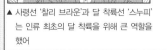

▲ 사령선 '찰리 브라운'과 달 착륙선 '스누피'
는 인류 최초의 달 착륙을 위해 큰 역할을
했어

▲ 만화가에게 있어 최고의 영예인 루벤상을
두 번이나 수상한 것은 슐츠가 처음이었어

주요 참고 도서 및 자료

【서적】
- 朝日新聞社, 『スヌーピー展 しあわせは、きみをもっと知ること。』(図録) / 『スヌーピーと生きる―チャールズ・M・シュルツ伝』
- 朝日新聞出版, 『スヌーピーの50年 世界中が愛したコミック「ピーナッツ」』
- 学研プラス, 『スヌーピーと、いつもいっしょに PEANUTSを生んだチャールズ・シュルツ物語』
- KADOKAWA, 『別冊カドカワ SUPER SNOOPY BOOK』『チャールズ・M・シュルツ 勇気が出る言葉』
- 講談社, 『スヌーピーたち 50年分のHAPPY BOOK』
- 新潮社, 『芸術新潮2013年10月号特集スヌーピーのひみつ チャールズ・M・シュルツの創作世界』/『スヌーピーのひみつ A to Z』
- CCCメディアハウス, 『Pen (No.399)』
- ソニー・クリエイティブプロダクツ, 『スヌーピーミュージアム特別展「PEANUTS GANG ALL STARS!」』(図録)
- 美術出版社, 『美術手帖2016年11月号増刊「スヌーピー」』
- 復刊ドットコム, 『スヌーピー全集別巻 ピーナッツ ジュビリー 漫画スヌーピーの25年』
- Chronicle Books, 『SPARKY:the life and art of Charles Schulz』
- DU BOOKS, 『スヌーピーとチャールズ・M・シュルツの芸術 必要なものだけを (Only What's Necessary)』
- Little, Brown and Company, 『The Peanuts Collection: Treasures from the World's Most Beloved Comic Strip』

【WEB】
- www.snoopy.co.jp, Charles M. Schulz Museum and Research Center

사진 제공 및 자료 협력

【사진】
- "Li'l folks"；その他のシュルツ作品：p.32、p.39、p.57 © Schulz Family Intellectual Property Trust

【협력】
- Charles M. Schulz Museum and Research Center
- Charles M. Schulz Creative Associates
- ソニー・クリエイティブプロダクツ

이 책을 만든 사람들

- 감수: 찰스 M. 슐츠 크리에이티브 어소시에이츠(Charles M Schulz Creative Associates)
- 표지 그림: 치코(Chi-ko)
- 시나리오・본문 그림: 구키 유즈루(KUKI Yuzuru)
- 북 디자인: 무시카고 그래픽스(musicagographics)
- 교열: 이이카와 사치코(IIKAWA Sachiko), 에디트(EDIT), 이마지카 카도카와 에디토리얼 교열부(PERSOL MEDIA SWITCH CO., LTD.), 바루 기획(Barukikaku Co.,Ltd.)
- 편집 협력: 바루 기획(Barukikaku Co.,Ltd.), 미타라이 고지(MITARAI Kouji)

차별적 표현에 대하여

『세계 인물전』 시리즈에는 현대를 살아가는 우리가 입에 담아서는 안 될 차별적 표현을 사용한 부분이 있습니다. 역사적 배경이나 시대적 관점을 보다 정확하게 전달하기 위해, 불편함을 무릅쓰고 꼭 필요한 최소한의 용어만 사용했습니다. 본 편집부에게 차별을 조장하려는 의도가 없다는 점을 알아주시길 부탁드립니다.

– 원출판사의 말

> ⚠ **주 의**
> · 책의 날카로운 부분에 다치지 않도록 주의하세요.
> · 입에 넣거나 깨물지 않도록 주의하세요.
> · 화기나 습기가 있는 곳에는 가까이 두지 마세요.

찰스 슐츠

어린이의 마음을 따뜻한 빛으로 비춘, 외톨이 만화가

초판인쇄 2023년 05월 31일
초판발행 2023년 05월 31일

감수 찰스 M. 슐츠 크리에이티브 어소시에이츠
표지 그림 치코
본문 그림 구키 유즈루
옮긴이 일본콘텐츠전문번역팀
발행인 채종준

출판총괄 박능원
국제업무 채보라
책임번역 가와바타 유스케
책임편집 권새롬
디자인 홍은표
마케팅 문선영 · 전예리
전자책 정담자리

브랜드 드루주니어
주소 경기도 파주시 회동길 230 (문발동)
투고문의 ksibook13@kstudy.com

발행처 한국학술정보(주)
출판신고 2003년 9월 25일 제406-2003-000012호
인쇄 북토리

ISBN   979-11-6983-330-1   14990
        979-11-6801-767-2   (세트)